AF247316

RÉFLEXIONS

SUR

L'ÉTAT PRÉSENT DE LA FRANCE,

MOYEN DE REMÉDIER A SES MAUX,

OU

LE RETOUR DE L'AGE D'OR.

DÉDIÉES A TOUS LES FRANÇAIS.

PAR M. J. REY, CHASSEUR, 3e. LÉGION.

En quò discordia cives
Perduxit miseros !...
VIRGILE.

A PARIS,

Chez
{
L'AUTEUR, rue Montorgueil, n°. 67;
NEPVEU, Libraire, passage Panorama;
GIDE fils, Libraire, rue St.-Marc, n°. 20.
}

1816.

DE L'IMPRIMERIE DE LEFEBVRE, RUE DE BOURBON,
N°. 11.

RÉFLEXIONS

SUR

L'ÉTAT PRÉSENT DE LA FRANCE,

MOYEN DE REMÉDIER A SES MAUX,

OU

LE RETOUR DE L'AGE D'OR.

Avant d'indiquer le moyen de réparer les maux de l'État, je vais jeter un coup d'œil rapide sur leur cause, sur la nature de Gouvernement et sur les factions qui ont enfanté et dirigé la révolution.

L'homme, toujours mécontent de son état présent, poursuit dans l'avenir l'ombre vaine d'une félicité chimérique qui l'écarte du bonheur réel dont il pourrait jouir; il en est souvent ainsi du corps social.

La France agitée pendant vingt-cinq ans par différentes factions qui toutes, en lui promettant un bonheur imaginaire, l'ont accablée de maux, ont failli l'engloutir dans l'abîme et la faire disparaître du nombre des nations; la

(4)

France , par cette cruelle expérience , doit avoir la preuve évidente que désormais son bonheur ne peut exister que dans une union sincère d'action et de sentiment , dans son attachement inaltérable , sa confiance illimitée en son auguste Souverain , dans son industrie , dans les productions de son sol et dans une sage administration. Un peuple poli et éclairé ne doit-il pas sentir que le mal qu'on fait à autrui ne produit que du mal et retombe tôt ou tard sur son auteur ? La justice n'est-elle pas la plus forte colonne de l'édifice social ? Aristide, consulté sur un projet de Thémistocle, dit aux Athéniens assemblés : *Ce qu'on vous propose est avantageux, mais injuste.* Les Athéniens , persuadés que l'injustice est toujours nuisible, en ce qu'elle attaque l'honneur national et enfante des haines que le temps ne fait qu'affaiblir sans les détruire , ne voulurent pas même connaître ce projet. C'est ainsi, chez nous, que l'opinion , par une force d'inertie improbative , a souvent tempéré , paralysé et fait échouer les desseins criminels des factions exaspérées , ne pouvant pas toujours les maîtriser. L'intention du peuple est toujours pure, quand aucune influence maligne ne l'égare. C'est dans ce sens qu'on a dit : *Vox populi, vox Dei :*

La voix du peuple est la voix de Dieu. Dans le corps social, l'opinion est la pensée nationale qui se compose de la majorité des opinions individuelles, et si les lois expriment la volonté nationale, tout est en harmonie ; mais dans le temps des factions, les coryphées, les fauteurs et leurs agens secondaires compriment l'opinion publique et lui substituent des principes erronés que leur dicte la haine ou l'ambition, et ces principes insinués avec art et couverts d'un voile hypocrite, éblouissent quelques hommes irréfléchis, alors la volonté nationale est altérée, mais jamais détruite ; et tant que durent les factions, le moral de la nation se trouve dans une perplexité et des angoisses continuelles. Dans cet état de maladie nationale, l'opinion publique résiste à la volonté des factieux qui, s'irritant de l'obstacle, cherchent à s'identifier l'opinion ou à l'anéantir. Dans les deux cas, les factions se détruisent également.

Les différentes factions qui se sont succédées en France depuis vingt-six ans, sont arrivées d'autant plus vite à leur terme, qu'elles ont employé des moyens outrés, et que l'opinion indignée semble avoir recueilli toute son énergie et armé la main de la justice d'une massue pour les écraser. En effet, ceux qui se sont montrés les plus ardens zélateurs des factions , employant ces moyens extrêmes et violens, ont préparé la crise et renversé l'édifice qu'ils s'efforçaient de soutenir.

Avant la révolution il existait sans doute des abus à réformer : des droits féodaux, des dîmes, des priviléges exclusifs, un dédale de lois et de coutumes souvent contradictoires , trois ordres distincts, rivaux et souvent ennemis, quand l'unité doit être l'essence d'un Gouvernement stable, où chaque membre de la société est soumis à l'action des lois. Les lumières du siècle réclamaient contre ces abus ; le vertueux Louis XVI le sentit , il accueillit avec joie le projet de rectifier différentes institutions surannées ; car le soulagement des peuples était l'objet de tous ses soins. Il existait un faible déficit dans les finances ; le sage Roi établit l'ordre et l'économie dans sa propre maison ; il appelle les notables du Royaume et leur en expose la situation avec toute la candeur de la vertu ; il n'était pas l'auteur des maux , mais sa belle âme voulait les réparer. Le clergé et la noblesse refusent de partager les charges de l'État. O égoïstes insensés ! vous allez faire naître l'hydre révolutionnaire qui va vous dévorer vous et vos propriétés ! Que n'imitiez-vous votre

Souverain ! Pourquoi vouliez-vous vous isoler du reste du peuple, d'une grande famille que vous deviez illustrer par vos lumières, vos vertus, et sur-tout par votre dévouement ! Mais de trop cruelles leçons vous ont prouvé votre aveuglement. Louis, toujours animé du désir de préparer efficacement le bonheur public, convoque les états généraux. Les mandataires arrivent ; leur mission est d'aider le Souverain à remplir le déficit et à confectionner un code de lois jugé nécessaire ; vos pouvoirs s'étendaient-ils au-delà ? O hommes perfides, insensés et pervers ! Au lieu d'élaguer un arbre vous prenez la coignée ; quand vous êtes appelés pour reconstruire l'édifice social, vous le renversez, et sous l'apparence de tout perfectionner, vous prêchez le désordre, l'anarchie et l'assassinat ! Vos commettans vous ont-ils commandé d'égorger le sage Roi qui jouissait de toute leur affection, et qui méritait de partager avec la Divinité même l'amour des mortels ?

Vous, hommes sages et bons Français qui souteniez la bonne cause, votre zèle fut un instant mal-entendu ; vous vous éloignez et abandonnez Louis à des assassins qui ont soif de son sang ! C'était dans Rome même qu'il fallait dévoiler, attaquer et renverser les projets sinistres de tant d'odieux Catilinas ! O Louis, le plus sage des hommes, que tu fus grand dans tes malheurs ! tu fus abreuvé d'amertume et de fiel, et rien ne put ébranler ton courage et ta patience ; rien n'égala ta résignation, que l'audace effrénée de tes bourreaux. Tu mis toute ta confiance en la Providence, sans te plaindre de tes persécuteurs ; tu t'immolas pour ta patrie en faisant des vœux pour elle ! tes vœux sont exaucés ; que tes augustes mânes s'appaisent ; les monstres ne peuvent plus lui nuire ; ils ne t'ôtèrent que la vie, car tu conservas toujours, avec tes vertus, cet amour pur et constant des peuples qui faisait le charme de ta vie ! Les barbares ont si bien senti que le peuple n'approuverait pas leur horrible attentat, qu'ils n'ont voulu ni sa participation, ni même connaître sa volonté. Ils ont frappé leur victime, mais le jour qui éclairait le triomphe du crime, ils ont vu que la consternation et les sanglots du peuple prononçaient leur condamnation. Le peuple, toujours juste, voue les Mélitus à l'exécration et bâtit des autels à Socrate. Du séjour céleste où tes vertus t'ont placé, ô sage Roi, contemple ta famille qui suit tes traces et vient donner la paix et le bonheur à ces mêmes peuples que tu chérissais comme tes

enfans. Un Corse seul a osé souiller ton trône ;
mais la sagesse divine l'a renversé et mis l'Océan
pour barrière entre lui et ta patrie. Ton frère,
si digne de te remplacer, brille sur ton trône
et les vertus l'accompagnent. Pour tes assassins,
puisque tu leur pardonnes, ils n'auront pour
châtimens que leurs remords ; ils seront écrasés
sous le poids de ta bonté et de ta clémence ;
cependant la terre les porte avec horreur, elle
les repousse ; ils boiront jusqu'à saciété dans
le calice de l'ignominie.

Pendant vingt-cinq ans on a abusé de la si-
gnification des mots , parce qu'on a mis les
mots à la place des choses les plus respectables.
Au nom de la liberté, on a emprisonné le
quart des Français ; par justice et humanité ,
on a mitraillé, noyé, conduit à l'échafaud des
milliers d'innocens ; sous le nom d'égalité, on
ruinait et faisait esclaves tous les gens de bien
qui n'affichaient pas l'immortalité. Tirons un
voile sur toutes ces turpitudes passées , et fai-
sons nos efforts pour les empêcher de se re-
nouveler. On peut être très-libre sous un Gouvernement royal, même sous un Gouvernement
despotique, et être esclave dans une république ;
le nom du gouvernement ne fait rien à la chose,
puisque par-tout les gouvernans peuvent exercer

un pouvoir arbitraire ; mais il est prouvé, par l'expérience, qu'une Monarchie constitutionnelle convient mieux aux grands États. Les Grecs, les Romains, les Vénitiens, les Génois ont été en république, les peuples y étaient souvent asservis ; les Anglais ont une monarchie et sont libres. Les Français furent libres sous tous leurs bons Rois, sur-tout lorsque les lois protégeaient leurs droits civils. La liberté absolue ne convient qu'à l'homme sauvage, à Robinson dans son île. Dans la société, ce droit est restreint à pouvoir faire tout ce qui ne nuit pas à autrui. L'égalité qui semblerait être l'ouvrage d'une sagesse divine, n'est qu'une chimère dans la société civile. On peut objecter qu'elle a existé quelque temps à Sparte ; mais l'état des Ilotes atteste les maximes barbares de ces orgueilleux républicains, qui voulaient qu'une seule classe d'hommes jouît exclusivement des bienfaits de la nature. D'ailleurs, dès que les lois consacrent le droit de propriété, naissons-nous égaux en force, en vertu, en courage, en intelligence ? Ce droit consiste donc à jouir tous également de la protection des lois, et à être admissibles à tous les emplois, selon ses talens et ses vertus.

Dans un Gouvernement bien constitué, quel

que soit son nom, le souverain n'est que l'or-
gane des lois; plus il gouverne dans l'esprit des
lois, plus le Gouvernement est stable et plus
les peuples sont heureux, parce que le prince
inamovible a un intérêt direct à leur bonheur,
sa gloire y est intéressée, et qu'il n'a aucun
vœu particulier à former pour lui-même. Au
contraire, dans les Etats despotiques le souverain met à la place des lois sa volonté privée,
qui est souvent aussi changeante que les ondes
d'un fleuve; la passion et l'arbitraire dirigent
tout, et le Gouvernement s'affaiblit, se mine
et se détruit. Sous des chefs amovibles, le Gouvernement, s'appelât-il républicain, est quel-
quefois despotique, monarchique ou aristocra-
tique, selon les maximes ou l'ambition des
gouvernans. Ces chefs s'occupent plus d'eux-
mêmes que des peuples, ils n'aspirent qu'à
usurper l'autorité suprême, ou s'ils ne peuvent
y parvenir, n'étant pas responsables d'une
longue gestion, ils laissent souvent à leurs
successeurs des maux irréparables.

Chez nous les premiers factieux, couvrant
leur ambition d'un voile philanthropique, firent
des dupes sur la nature du Gouvernement; mais
bientôt la vérité arracha le masque à l'hypo-
crisie, et l'opinion repoussa tous ces systèmes

qui n'étaient que des piéges tendus à la cré-
dulité , des armes dont les factieux se servaient
pour tout dilapider et tout détruire.

A l'époque où les coupables voyaient finir leur
règne, ils craignaient le ressentiment du peuple
qu'ils avaient abusé, et les remords qui les pour-
suivaient. Ils avaient besoin d'un homme qui
leur servît d'égide , approuvât leurs brigues et
leurs spoliations , et se chargeât, en quelque
façon, de tous leurs forfaits ; le Corse paraît, ils
l'accueillent et lui vendent la Patrie. Ames
viles! de quel droit livrez-vous l'Etat à un tyran?
Mais pour votre intérêt, vous vous mettez à
couvert, vous jouissez de vos rapines, l'or et
les premiers emplois sont le prix de votre tra-
hison! Cependant l'usurpateur, à force de dis-
simulation, voulut nationaliser sa faction, et
l'opinion publique, fatiguée par tant de com-
motions et de discordance, crut un instant
pouvoir former unité de volonté avec lui. Mais
bientôt l'imposteur décela le factieux qui veut
s'isoler, maîtriser l'opinion et faire sa proie de
la France entière ; alors l'unité fut encore rom-
pue. L'opposition, même tacite, à ses projets
dévastateurs écrasa le colosse, qui ne se sou-
tint quelque temps que par le fanatisme des
agens secondaires de sa faction. En effet, il a

organisé le plus affreux despotisme , qui par-
là même était bien plus opposé à l'esprit national que les différens systèmes de Gouvernement des factions précédentes , et sans l'esprit
de conquête qui s'y mêla , et qui pourtant le
mina , il n'eût pas duré si long - temps. La
force, les succès ne fondent jamais l'équité. Ses
injustices lui ont suscité plus d'ennemis que
ses victoires n'en ont renversé. L'assassinat horrible d'un illustre Prince , celui d'un général
célèbre ont détruit le prestige. La guerre d'Espagne et la suivante ont montré le féroce op-
presseur des nations dans toute son énormité,
et lui ont donné pour ennemie non-seulement
l'Europe, mais la France elle-même qui en re-
jetait tout l'odieux sur son auteur.

Malgré tant de calamités qui semblaient devoir l'anéantir, la France s'est illustrée au-
dehors et au-dedans : elle s'est vue aux prises
avec différentes nations , elle en est sortie victorieuse ; dans l'intérieur, elle a perfectionné
des institutions , fait des découvertes , adopté
le système électif, établi les judicatures de paix,
l'uniformité des poids et mesures. Louis XVIII
a médité dans sa sagesse une Charte constitutionnelle, qui doit la préserver de tout déchi-
rement futur ; la Patrie se glorifie des exploits

de ses guerriers, du zèle des auteurs, des artistes qui ont cultivé les arts et les sciences, et des sages législateurs qui assurent sa tranquillité; mais elle abandonne aux factions la honte de leurs entreprises injustes et téméraires qu'elle n'a pas avouées.

L'usurpateur voulut subjuguer l'Europe; et si la France, entraînée malgré elle, a pu paraître sa complice aux yeux des nations, c'est que l'opinion nationale n'a pu ni se manifester, ni se développer; mais la France, d'intention, n'a jamais partagé ce délire.

S'il était permis de comparer, on pourrait juger de l'opinion par les faits. A l'apparition du tyran, l'effroi, la terreur, une effrayante consternation s'emparent de toutes les âmes, les créatures de l'usurpateur même en sont altérées. A ton arrivée, à ton retour surtout, ô Louis le Désiré ! tous les cœurs s'ouvrent à l'espérance et à la joie; l'enfant, le vieillard, tout est emporté sur tes pas; la mère cesse de caresser son fils chéri; chacun voudrait te presser sur son sein aussi fortement que tu es gravé dans son cœur. C'est la joie des malheureux enfans qui croient avoir perdu leur père, leur unique espoir, et qui le voient reparaître; tel est le pouvoir de la vertu.

A sa dernière usurpation, le crime, l'atrocité étant trop caractérisés, l'opinion lui a résisté et l'a combattu avec plus d'énergie, et sa chute a été plus prompte. Que l'on ne s'y trompe pas, il fut plutôt renversé par l'opinion publique que par les armes des souverains alliés. Physiquement, les alliés n'ont renversé qu'une faction qui leur était aussi dangereuse qu'à la France même ; mais ils n'ont vaincu ni subjugué la nation française, puisqu'elle n'était pas en guerre avec eux.

A son arrivée et pendant son séjour, le tyran et ses complices ont pu juger de l'opinion, par le morne silence et la sombre stupeur du peuple, quel serait le succès de leur audacieuse tentative. L'improbation des citoyens a désarmé beaucoup de guerriers qui n'étaient qu'égarés. Avec quelle avidité ne cherchait-on pas ce qui pouvait faire espérer le retour du souverain légitime ! Les Français désiraient les revers des Français, ou plutôt de ces hommes égarés qui suivaient les étendards du Corse, et qui ne combattaient plus pour la Patrie. On le désirait d'autant plus que l'on comptait sur la loyauté et la modération des souverains. La France et son Roi ne devaient rien craindre d'eux, puisqu'une faction seule les avait outragés. Il est

cependant pénible ici d'avouer que la générosité
et la franchise qui ont dirigé les négociations
de 1814, n'ont pas présidé à celles de 1815,
et que les conditions onéreuses imposées à la
France nuisent à cette pacification franche et
sincère dont toutes les nations ont besoin ; car
une telle pacification suppose la réparation,
autant que possible, de tous les torts, et le
contentement de toutes les parties contrac-
tantes. De même, ce ne sont pas toujours les
agressions et les combats qui constituent l'état
de guerre, mais bien les griefs et les outrages
dont une nation a à se plaindre d'une autre.
Souvent Athènes et Sparte furent en guerre sans
aucun acte d'hostilité.

Les factieux se sont livrés à toutes sortes de
déprédations : ils ont envahi et spolié le do-
maine public en s'adjugeant à vil prix, à eux
et à leurs consorts, les biens nationaux. Comme
ils espéraient réussir dans leur projet de retenir
toujours dans leurs mains les rênes du Gouvernement, et sentant l'immense disproportion
entre la recette et la dépense, ils émirent à
l'infini du papier-monnaie. Lorsque la somme
excéda si prodigieusement la valeur garante,
rien ne put soutenir son crédit ; mais l'égoïsme
sut se préserver des pertes du discrédit, tandis

que l'ami de son pays, qui n'a d'autre désir que de le voir prospérer, fut victime de sa bonté.

L'usurpateur, dans son affreux despotisme, qui écrasait le peuple d'impôts pour mieux l'asservir, qui espérait compter autant d'esclaves que de Français, voulait aussi voir dans ses créatures et ses flatteurs, autant de petits tyrans opulens.

Les dépouilles des nations passaient dans leurs mains, et payaient des services qui ne devaient être rendus qu'à la patrie. Les plus belles propriétés nationales sont devenues leur appanage sous la forme spécieuse de ventes simulées ; des dotations en faisaient des Crésus. Or, puisque ces biens appartenaient à la patrie, et que les nations ont exigé une compensation des rapines exercées chez elles, ne serait-il pas juste de revendiquer au profit du trésor public, ces biens mal acquis ? Mais, crainte qu'il ne se glissât de l'arbitraire et de la passion dans cette mesure, et qu'elle ne nuisît à cet accord franc et sincère de toutes les volontés vers le centre commun, le Gouvernement l'a écartée ; respectons sa décision : il vaut mieux souffrir une injustice que de la commettre. Cependant si le Gouvernement confisquait les quinze-seizièmes de leur fortune colossale et illégitime à cent cin-

quante ou deux cents concussionnaires, il ferait
un acte de justice ; il trouverait de quoi satisfaire à ses besoins et les peuples seraient sou-
lagés : il mettrait dans l'impuissance de cons-
pirer quelques monstres gorgés d'or qui brûlent
de détruire le Gouvernement et de troubler
l'Europe entière.

Les dilapidations des premiers intrigans, la
guerre d'Espagne, l'expédition téméraire de
Russie, la lutte que le tyran voulut soutenir
contre toute l'Europe liguée, ont obéré l'État,
quoique jamais le peuple ne fut plus chargé
d'impôts ; mais la nation triompha encore sur
cet objet et sortait victorieuse par sa constance
et son industrie. Cependant la dette publique
était énorme à l'arrivée du Roi, mais en peu
de temps la restauration s'opérait, tout rentrait
en équilibre. L'usurpateur paraît, et par sa pro-
digalité bizarre et ses projets gigantesques, il
accroît la dette publique de 600 millions en
moins de cent jours. Les alliés renversent la faction ; ils exigent des indemnités ; leurs troupes
ruinent quelques cantons. O sage Roi ! que ton
cœur paternel a dû souffrir des maux de ta
patrie ! mais tu es le chef des Français, ton
espoir ne sera pas trompé ; ils t'aideront à tout
réparer. N'est-il donc pas douloureux aujour-

d'hui de voir les maux de l'État; que ces maux ne proviennent ni du Roi, ni du Gouvernement, ni du peuple, et cependant ce sont eux qui en souffrent et qui sont obligés d'y remédier.

Dans cet état de choses, la France ne dégénérera ni en gloire, ni en vertu; elle se montrera digne d'elle et de son Souverain. Elle a plus d'une fois donné l'exemple de patriotisme aux autres nations, pourquoi ne suivrait-elle pas leur exemple en cette occasion ? Quel zèle spontané, quel dévouement n'ont pas montrés les Prussiens, les Russes, les Autrichiens, les Espagnols ! Quels sacrifices n'ont-ils pas faits pour résister au destructeur des nations, quand leur existence politique se trouvait menacée ! Non, la France ne restera pas dans l'apathie et l'insouciance sur son sort, quand son intérêt exige un concours raisonné et persévérant d'actions et de volontés pour réparer les maux que lui a faits ou occasionnés le tyran qui sacrifiait tout à sa rage. Aujourd'hui que l'horison politique n'est plus obscurci, qu'il n'y a plus de sujet d'inquiétude et d'alarmes, que la mère et la jeune épouse ne craignent plus qu'on leur arrache l'objet de leur tendresse, que nous voyons l'aurore d'un avenir pur et serein, quel

Français n'ouvre pas son cœur à l'espérance d'un bonheur assuré, pourvu que chacun joigne ses efforts pour se le procurer ! Le règne des lois commence, tous les partis son éteints, plus de passions haineuses, tous les membres de la société sont confondus et ne forment qu'un peuple de Français. La sagesse du Roi préside à la création des lois et à leur exécution ; tous les cœurs sont embrâsés de l'amour de la Patrie, c'est un sentiment inné ; les maux de la Patrie sont grands, mais les ressources de la France pour les réparer sont plus grands encore. Le peuple tout entier se fait un devoir de les réparer, et chacun selon ses moyens ; son honneur, sa magnanimité, sa vertu, le besoin d'exprimer son attachement à la Patrie et à son Souverain, lui font porter son offrande sur l'autel de la Patrie. Il se prescrit un don volontaire. Les contributions sont établies, il est vrai, mais la loi frappe indistinctement l'homme ruiné qui paraît aisé et l'opulent qui lui cache souvent la majeure partie de sa fortune. D'ailleurs ce qu'on exige impérativement nous peine ; ce que nous donnons nous procure une jouissance.

Pour le bonheur de tous, il faut que l'État soit non-seulement à même de faire face à ses dépenses ordinaires, mais encore qu'il pourvoie à mille dépenses imprévues : ne sera-t-il pas obligé de faire remise de leurs contributions aux cantons ruinés ? Plus un arbre est fort, vigoureux, plus ses branches, recevant du tronc une sève vivifiante, prospèrent et fructifient ; de même, plus le Gouvernement est fort de ses principes et sûr de ses moyens, plus les membres de la société sont heureux. Or, pour le bien général, que tout bon Français se prescrive une offrande patriotique annuelle. Eh quel Français s'y refusera, je le répète, quand son honneur, l'amour de son pays et l'attachement à son Roi, lui en font un besoin ? D'ailleurs ce procédé ne fera que généraliser ce dont tant d'âmes généreuses ont donné l'exemple. Le bon Roi a fait remise, au profit du trésor public, des deux-cinquièmes de la liste civile ; les Princes se sont imposé des privations ; tant d'employés civils et militaires qui abandonnent et des arriérés de solde et des intérêts de cautionnemens ; tant d'autres qui versent des sommes réelles ; tant de communes qui font abandon du prix des réquisitions dont elles ont été frappées ; tant de gardes nationaux qui se cotisent pour faire leur offrande civique, etc.

Il en résultera pour le Gouvernement des ressources qui le mettront en état de tendre une main secourable à des milliers d'infortunés, à de malheureux cultivateurs victimes des horreurs de la guerre que l'impitoyable Corse a attirée dans leurs foyers. Il exemptera de leurs contributions les habitans du nord, si ceux du midi et de l'ouest viennent à son secours. Il fera prendre un nouvel essor à l'agriculture, ranimera le commerce, réparera les routes et les ponts, entreprendra ou achevera des travaux publics nécessaires.

L'État s'honore d'avoir des guerriers illustres par leur bravoure, leurs exploits et leurs nobles cicatrices, dont la plupart, en servant un instant l'usurpateur, ne furent qu'égarés par des chefs coupables ; revenant aujourd'hui franchement à résipiscence, et servant leur Patrie et leur Roi, le peuple, comme un bon père qui pardonne à ses enfans, les accueille dans son sein et désire répandre sur eux les marques de sa tendresse ; mais il abandonne les traîtres à leurs remords et à la honte, digne prix de leur perfidie. Par ce dévouement, il en résultera une circulation intérieure de numéraire très-active dont le bien est incalculable, puisqu'elle tourne à l'avantage de tous les membres de la société.

Voici le mode d'exécuter ce projet.

Vingt millions de Français demandent à prouver leur zèle pour le bien public, leur amour pour le Roi et la Patrie. Que le *minimum* de chacun soit une offrande de 50 centimes par mois, sans limiter la générosité de l'opulent ; 6 francs donnent 120,000,000 par an, qui peuvent se doubler et même tripler, puisque la libéralité est sans bornes, comme l'affection du peuple pour son Souverain. Avec ce surcroît de revenus, le Gouvernement va rouvrir les sources de la prospérité nationale ; et l'agriculteur, l'ouvrier, le fabriquant, le négociant se récupéreront et au-delà des légers sacrifices qu'ils s'imposent.

Que les préfets, sous-préfets, maires, magistrats, chefs de corporation, commandans des Gardes nationales communiquent donc, pour le généraliser, ce généreux dessein qui est gravé dans tous les cœurs, et qui n'a besoin que d'un mode de procéder pour s'effectuer. Que le plus vertueux et le plus estimé de la commune, désigné par le maire ou le commandant de la Garde nationale, se charge, en en démontrant l'heureux résultat, d'inscrire l'offrande de ses concitoyens sans la toucher. Il en transmettra l'état au maire, qui en fera trois copies, l'une pour lui, l'autre adressée au Ministre des finances, et la troisième au percepteur. Que cette offrande s'acquitte par trimestre, et l'État aura de quoi satisfaire à ses besoins et au soulagement des affligés. Que les noms seuls des inscrits sur ce tableau d'offrandes civiques soient affichés à la porte de la mairie ; que le Ministre signale au Roi et à la France entière, les départemens et communes qui se seront le plus distingués ; tous ceux qui le peuvent prouveront qu'ils sont Français, dignes de la grande famille, qu'ils méritent d'être gouvernés par le plus vertueux Monarque, et qu'ils savent l'aider à faire le bonheur public. Entendez-vous le sage Roi qui dit : « Je reçois avec transport ce » que vous m'offrez pour le soulagement de » mes autres enfans ». A sa voix tous s'inscrivent, tous veulent participer à cet acte de vertu. Jusqu'au simple ouvrier qui s'impose quelques légères privations, l'écolier se prive de ses plaisirs, la jeune fille (*) retranche quelque chose à sa parure pour se procurer une jouissance plus réelle.

La morale publique s'est régénérée : c'est

(*) Les demoiselles de Langres ont adressé leur offrande au Roi, en s'excusant avec modestie sur la modicité de leur don.

par-là que l'esprit public se manifeste et resserre les liens sociaux par une héroïque fraternité. La bienfaisance et la charité ramènent Astrée du séjour céleste ; toutes les vertus les accompagnent, et viennent habiter parmi nous sous le règne de Louis ! Que le feu sacré d'une charité divine vienne embrâser nos âmes, et nous allons élever un temple éternel à la Bienfaisance et proscrire à jamais l'affreuse mendicité, puisque dans notre sol, favorisé des cieux, la main libérale de la nature répand ses biens avec profusion, et que le Roi, le père, le soutien de tous les infortunés, les secourra si l'on seconde ses intentions bienveillantes. Certes, il est digne d'un peuple magnanime de pratiquer cette bienfaisance consolatrice, tant prêchée en théorie par les moralistes de tous les siècles et si peu pratiquée ! Eh pourquoi ne formerait-on pas une masse de fonds suffisante pour soulager les malheureux ? Le Gouvernement assignerait une partie de ces fonds aux comités de bienfaisance, multipliés suivant les besoins, pour procurer un secours assuré aux nécessiteux, aux infirmes, aux vieillards, etc. Malheur à l'être insensible qui n'a jamais goûté le charme délectable d'essuyer les larmes de l'infortune ! s'il en était, la Patrie les exclurait du nombre de ses enfans.

Si dans ces derniers temps d'orage, il s'est trouvé des enfans rebelles qui étaient les défenseurs nés de l'Etat, et qui brûlaient de porter le fer et la flamme dans leurs propres foyers, combien la Patrie admire la noble conduite des Gardes nationaux, qui se sont dévoués si généreusement au maintien de la tranquillité publique ! Dans ces momens d'alarmes, oubliant leurs affaires personnelles et leurs intérêts, ils volaient partout où leur surveillance était nécessaire pour rassurer la pudeur effrayée, réprimer les excès des soldats égarés ou prévenir les rapines des vainqueurs, que la discipline ne retenait pas dans les bornes du devoir.

Une bonne action porte avec elle sa récompense. Estimables citoyens guerriers, vous avez sauvé la Patrie par votre conduite ferme et prudente, vous contribuerez à la rendre heureuse. Jouissez du résultat de vos généreux services, et le burin de l'histoire gravera en traits ineffaçables votre sublime dévouement.

Après des crises violentes, le choix des fonctionnaires publics est de la plus haute importance. Les gens d'honneur, dans quelque temps qu'ils aient été employés, ont toujours servi la Patrie et la serviront encore fidèlement ; mais il est des hypocrites qui veulent figurer, non pour être utiles, mais par ambition ; des brouillons incorrigibles à qui les désordres plaisent, parce qu'ils ne sont plus les sectaires de quelques cotteries, regrettent jusqu'à l'usurpateur, et trahiraient à la plus légère occasion; que ceux-là soient écartés de toutes fonctions; la sûreté de l'État l'exige impérieusement. D'ailleurs, il faut que le Gouvernement ait une entière confiance dans ses fonctionnaires. Loin aussi ceux qui voudraient aller au-delà des limites fixées par la justice et la raison d'État, qui (comme M. S. sagement destitué) veulent persécuter les autres pour des fautes qu'ils ont eux-mêmes commises, et qui feraient des ennemis à l'État, quand la bonté du Roi mérite la vénération et les hommages universels.

Après l'expulsion des trente tyrans et l'exil ou la punition de dix complices les plus coupables, Trasibule fit porter à Athènes la loi de l'oubli. Le bon Henri, pour éteindre toute dissension, pardonna à tous ses ennemis, et leur fit autant de bien qu'ils désiraient lui faire de mal. Le sage Louis XVIII fait proclamer une amnistie, dont une faible exception rendra l'effet plus efficace. Les passions, la guerre, l'audace, la tyrannie, le fanatisme bouleversent les États, les ruinent et les mettent au bord de l'abîme : la sagesse seule peut les pacifier et les

rendre heureux. Pour consolider le Gouvernement, il faut que la justice et les bonnes mœurs
se rétablissent ; pour cela, que les hommes vertueux et éclairés exercent une sage influence
dans la société ; que, par leurs efforts, une re-
ligion, dépouillée de superstition et de fanatisme, reprenne un salutaire ascendant sur les
esprits, et les porte à la pratique des vertus so-
ciales. Mais pour rétablir cette morale relâ-
chée, que la persuasion soit la seule arme qu'on
emploie, car la seule apparence de la contrainte
ferait manquer le but qu'on voudrait atteindre.
La raison, la douceur, les bienfaits gagnent
les cœurs ; la rigueur les irrite, les exaspère et
rend ennemis les uns des autres, des hommes
nés pour s'aimer et vivre en frères. Par cette
bienveillance mutuelle, nous aurons désormais
la douce satisfaction de voir la plus grande sou-
mission aux lois, sans opiniâtreté, ni réaction,
ni vengeance.

Français ! que la bonté du Roi, sa justice,
sa clémence, son amour pour tous, soient les
régulateurs de notre conduite, et nous verrons
renaître parmi nous l'âge d'or.

FIN.